JN411077

할 말 있어요

김백란 시집

차례

제1부

시는 우리들이다

제2부

석류

제3부

할 말 있어요

제4부

도서관에서

제5부

요즈음

1

시는 우리들이다

시는 우리들이다

네가 웃고 있을 때
내가 울고 있을 때
우리들이 푸른 하늘을 향해
소리치고 있을 때

시는 비가 되고 눈이 되어 내린다
시는 어딘지도 모를 계곡을 훑던 바람이다
시는 먹구름처럼 몰려오다가
봄 햇살처럼 속속들이 적시며 온다

시야, 네가 나를 보듬어 주겠니
시야, 네가 우리들을 씻어 주겠니

봄이 오는 소리

귀에 들리는가 하면
멀어져 가고
손에 잡히는가 하면
싸한 숨결
옷자락을 여미게 하네

앞개울에서 뒤란에서
걸어오는 소리 들리는데
사방을 두리번거려도
꼬리를 감추고 멀어져가네

졸졸거리다가
달그락거리다가
바람 타고 굴러오는 소리
마른 잎 타고 통통거리며
뛰어오는 소리

봄아 내 손을 잡고
내 머릿결을 잡아
고개 하나만 넘으면 돼
그리고
자박자박 걸어오면 돼

벌과 나비가

꽃샘추위 야단스럽게 지나간
어느 봄날
나비 한 마리
꽃위에 앉았다

뒤따라온 벌이 잉잉대며
나비 곁에 앉으려다 쫓겨난다
몇 번을 시도하며
친구까지 데리고 왔건만
나비의 기세가 등등하다

벌침이 무서운 줄 알았는데
나비에게 꼼짝 못하다니
오늘은
새로운 삶의 현장을 목격한 날
왠지 마음 한켠이 서늘하다

잔디밭에서

제비꽃이 잔디를 덮는다
한해 두해 어여쁜 자태를 뽐내더니
이젠 잔디밭을 전세 내어 들어앉았다

제비꽃을 뽑는다
작고 어여쁜 제비꽃이 눈물을 흘린다

쇠뜨기란 놈이 잔디 위에 줄을 섰다
푸른 손을 내밀고 키재기 하며 줄을 섰다
반갑지 않은 불청객들이지만
정만은 가득해서 끼리끼리 정답다

인사동의 봄

거리의 악사는 연주를 멈추고
지나가는 행인들을 쓸쓸히 바라본다

바람이 거리를 쓸어내린다
바람이 아리다
차라리 눈발이다
바람이 싫어
바람이 싫어서
모자를 눌러 쓰고
발걸음을 재촉한다

건널목은 건너야 하는 생의 강처럼
지루하게 느껴지고
사람들 저마다 바쁘게
발길을 옮긴다
한번쯤 와 보았던 골목 어귀에
펄럭이는 장인의 숨결이
진한 향기를 내뿜고 있다

누군가 지나가는 말로
광화문 바람은 여전히 황량하다고...
떨고 서 있는 가로수를 향해 토해낸다

사랑받고 싶은데
진열대에 놓인 우리들의 자존심은
자꾸 주눅 들어가고
꽃샘추위는 기세를 더욱 부채질하고 있다

사월이 가고 있는데

고개 돌리고 창 너머를 바라보면
거기에 꽃
꽃들이 피어 있네
등허리에 찬물 끼얹던 사월이
꽃 보라고 소리지르네

을씨년스럽던 삼월의 그날들
다 잊겠네
잊어라 잊어라 하면서
새들이 지저귀네

바람 자고
일어나기 전에
산이 부풀어오르네
저 초록의 깊이를
어떤 초록이라고 불러야 할까

우리들은 차창을 내다보며
꽃들과 나뭇잎
그 색깔에 대하여
열띤 색깔론을 펼치면서
사월의 뒤안길 그 가파른 길을
용서해 주기로 했네

봄은 땅 속에 있다

딸각 딸각
땅 속을 헤집는 소리
들리지는 않지만 들려오는 듯
그 소리 생각하네

잔뿌리 굵은 뿌리
제가끔 땅 속 길을 찾아서
힘주어 자맥질하다보면
작은 숨구멍도 열리고
자양분을 찾아
생명을 깨우고 있겠지

어둠 속에 생명 있네
새벽이 어둠을 벗어던지고
너를 깨우고
나를 깨우네
흙을 떠메고 일어서네

깻모

유월이 다 가도록
비 한 방울 오지 않고
깻모는 목이 말라
타들어가는데
칠월이 성큼성큼 걸어서 온다

농부의 가슴은 쩍쩍 갈라져
엄두도 못내고
비오기만 기다린다

날 흐리면 비 오려나
바람이 설렁설렁 비구름 쫒아내더니
깻모만 한껏 독을 품고 있구나

내일 또 내일 기다리다가
깻모 낼 날 남아 있으려나

봄눈 내리던 날

미안해, 미안해
소리 없이 내리던 눈발

어느새 나무들이
철 지난 옷 갈아입고
어깻죽지를 늘어뜨리고 서 있네
꽃대 내밀고 키 재기 하던 바위나리
고개 숙이고 떨고 있구나
심어 놓은 감자씨는
눈을 떴을까 감았을까
궁금한데

소나무 가지 휘어지도록
많이도 내렸구나
비명 한마디 내지르지도 못하고
버티고 서 있는 소나무
이 밤 하얀 이불 덮고 자면
내일은 햇살이 어루만져 줄 텐데

배고픈 산비둘기
어둑한 마당가에 내려와
먹이 찾아 아장거린다

바람이

지난 가을에 떨어진
낙엽을 쓸고 있다

이리 쓸고 저리 쓸고
어느덧 후미진 곳에
낙엽은 쌓이고
바람은 소리 내어 울어댄다

바람의 길 따라
가고 싶은 마음은 굴뚝같은데
길을 나서면
바람에 취해 길을 잃을 것 같아

바람은
나무를 흔들어 대다가
골목을 쓸어 내린다
창문도 두드려보고
길손의 옷자락을 잡아끈다

바람은
땅에 엎디어 흙냄새를 맡는다
그리고는
강으로 건너가
강물과 함께 춤을 춘다

봄이 오는 풍경

밭모퉁이
들깨 털어낸 깍지더미에서
갑자기 후두둑 꿩 한 쌍이 날아간다
나도 놀라고
저들도 놀라
새 날아간 허공을 바라본다

생각하니
꿩들의 사랑을 방해한 것 같아
미안하다

뒷집 검둥이가 줄을 끊고
어디론가 달아난다
얼핏 보니 하얀 털복숭이와 어울린다
저놈들도 봄이 왔다고
꼭 만나야 할 일이 있나보다

바람 머무는 틈새 찾아
내 발길도 어지럽게 내달린다
한 손에는 호미
한 손에는 바구니
냉이가 제법 캘만 하다

뻐꾸기 운다

하늘 청청한 날
산 넘어 골짜기에
뻐꾸기 운다

밭 매던 아낙은
무심코 들리는 새소리에
반가워 화답하고 싶은데

남의 둥지에 알 낳아놓고
찾아 헤매는 어미새의
간절한 노래 같아서
미안하고 슬퍼진다

오뉴월 한 나절
해는 길고
그리움은 목을 늘려 더욱 간절한데

뻐꾸기는 자꾸
나를 보고
제 새끼 어디 있더냐고
잘 있더냐고
묻는 것 같아
밭 매던 일손 바삐 끝내고
마을로 내려온다

봄은 늘 그렇게 왔다

누렇게 누워 있는
마른 풀더미 속에서
추위를 견딘 한 톨의 씨앗이
내 안의 기다림으로
희망이 되어 돌아왔다

맨땅은 부끄러움이고
철 지난 바람에 구르는 낙엽들을
밤마다 쓸어안고
내 탓인 양 괴로워하면서
사랑을 찾아 나섰다

드디어
나무에 새잎 돋아나오면
그리움의 그림자 얼비치고
나는 서서히 나무를 향하여
산을 향하여
푸른 계단을 밟고 나아간다

초록으로 덧칠하던 산이
다시 하늘을 향해 발돋움한다
생강꽃 그 노란 빛으로
밑그림부터 그리기 시작한다

바람을 따라 갔어요

꽃을 그리다가
꽃이 보고 싶어서
불어오는 바람을 따라 갔어요

바람은
산기슭 후미진 곳에서
낙엽을 쓸어 모아 잠재우더니
산등성이에 올라가
물참나무 가지를 흔들어
마른 잎을 털어냈어요

그리고
거친 숨을 몰아쉬더니
내 머리채를 잡아 흔들었어요
봄을 만나러 가다가
가고 싶지 않은 마음이 일다가
다시 바람을 따라 갔어요
언덕을 오를 때 떠밀어 주고
손도 잡아 주었지요

산비둘기가 구국대고
꿩 가족도 봄나들이 나왔네요
바람은 어머니의 치맛자락
부풀렸던 내 마음의 옷깃도 여며주네요

2

석류

석류

내가 너에게 준 것은
물 한 모금 뿐인데
아침마다 눈 뜨면
꽃망울을 하나씩 터트리는 너

창틈으로 들어오는
해를 받아먹고
바람을 받아먹고
어여쁜 주홍빛 보석을 내미는 너

누구의 심금을 울리려고
바람 찬 한겨울의 적막을 깨고 있는가!

민들레

네 영토는 어디까지냐

아침에 꽃 피우고
저녁에 바람 따라 흘러가는
구름의 자식

온갖 시름 다 겪고 난 뒤
구름처럼 하얀 날개를 접고
땅 위에 스러져
먼 후일
생명을 기약하며 깃발 내리는
민들레
네 영토는 어디까지냐

겸허한 눈빛으로 아침에 눈뜨더니
바람 타고 돌고 도는 네 영혼은
고무풍선마냥 부풀어
허공에 떠도는 우리네 넋인가

바람을 부르다
아침이 오면 살짝
돌아앉는 너

네 영토는
하늘 끝 땅 끝까지 이어져 있구나

금강초롱

산등성이 햇볕 숨어드는 그곳에
초롱꽃 하나가 불을 밝힌다
지층을 넘나드는 작은 생명들
길 찾아 가라고
등불 밝히고 있다

도토리 알 떨어지는 소리에
잠시 흔들리다가
쏟아지는 햇살 받고
등불심지 올린다

잠시 구름이 지나가면
등불은 꺼지고
다시
제 생각대로 켤 수 없는 불을
밝히다가 밝히다가

어느새 꽃은 지고
숲에 모인 생명들
잠을 재운다

감자

언 땅이 채 녹지도 않았는데
두엄 넣고 밭 갈아 고랑 만들고
감자싹 정성스레 잘라
한 뼘씩 띄워 놓고 감자씨를 놓았다
보료 덮듯 조심스레 흙을 덮고
감자싹이 나오기만 기다렸다

비 내리고 햇살 바람 타고 땅에 스미면
어느새 감사싹 파릇하게 머리 내민다
비바람치고 오뉴월 긴 해가 뜨고 지면
감자꽃이 송글송글 맺히고
아낙의 손길이 바빠진다

애벌 매고 북 주고
하얗게 꽃이 흐드러지면
줄기는 무거워 몸을 누이고
고랑에 주먹만한 감자가 탐스럽게 커간다

감자가 영글면
아이들 불러 모아
속옷 흥건히 젖는 줄도 모르고 감자를 캔다
눈이 휘둥그레져서 신기해하는 아이들
호미 쥔 손에 힘이 절로 솟는다

감자 캐던 날
무지개가 하늘을 온통 물들이고
아이들은 함성을 지르고
산비둘기는 숲에서 구우구우 울었다

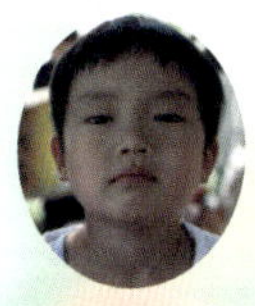

꽃씨를 선물하겠다고

마당 넓은 집 안주인은
봄이 되면 풀에 대하여
마당에 대하여
고민을 한다

오뉴월이 되면 그들과
힘겨루기를 한다
유월이 막바지에 이르면
그들에게서 손들고 물러난다

좀 늦었지만
오월쯤에 꽃씨를 주겠다는
지인이 나타났다
양귀비가 좋을까?
해바라기, 코스모스, 봉숭아

뭐가 좋을까?
반가운 소식을 건넨다

좋아요 다 좋다구요
벌써 얘기만 들어도
앞뜰 뒤뜰 꽃무더기
그림이 그려진다

땀방울 흘리며
이제 싸울 일 없겠지
꽃대 위로 올라오는 풀들은
가볍게 날려주면 되겠지

가자 풀들아
꽃을 사랑하는 이들과 함께 가자

첫 꽃 내밀 던 그날

비 온 뒤
바람은 어디서 불어오는지
어제의 후덥지근한
그 바람이 아니다

땀방울 씻겨가고
답답하던 가슴도 탁 트이고
바람에 고개 숙인 꽃대를
잘라 주었다
빛을 잃고 말라가는 꽃대들이
더 보아줄 수는 없느냐고
항의하듯 바스락거린다

처음 꽃 피던 날
그 환한 모습을 잊을 수 없었지
곱던 첫 꽃 내밀던 그 날
나도 모르게 꽃 속으로
빨려 들어갔었지

첫 딸을 낳았을 때도
첫 손주를 보던 날도

오월의 여인

산 그림자 길게 누워 있는 논바닥에
어린 모가
모살이 하는 아침나절
한 여인이 논둑길을 바람처럼
걸어가고 있네요

모자를 눌러쓰고
콩 심으러 가고 있나요
논에 비친
산도 하늘도 구름도
여인 따라 가고 있네요

저만치엔
아카시아 꽃이 흐드러지게 피고
백로 한 마리 논에 발 담그고
제 그림자를 슬프게 바라보네요

콩밭은 논을 가로질러
어디쯤에 있나요
팔 휘저으며 가는 여인의 허리춤에서
어린 모가 아가의 손처럼
한들거리네요

칠월에 피는 자목련

잎이 무성한 목련나무에
자색빛이 언뜻 보인다

꽃이 피었는가
다시 보니
꽃이 피었구나
한 송이인가
아니, 두 송이 세 송이
가지마다 자색빛 봉오리가
고개를 내밀고 있다

칠월에 피는 목련은
무성한 이파리 틈에서
더욱 청초하다
어머니가 늘 입었던
연녹색 치마에 자색 저고리처럼
수수하다

어머니의 자색빛 저고리 같은
음전한 꽃을 바라본다
잊혀져 가는 그리움이
꽃으로 피어났는가

어머니를 만난 듯
꽃봉오리 애틋하게 바라본다

무꽃 피었다

작년 가을 김장 심고
무씨 남은 거
감자 심은 이랑 귀퉁이에 심었다
제법 파릇파릇 귀엽게
올라오더니
몇 밤 지나고 보니
벌레가 송송송 갉아 먹는다

좀 더 자라면
데쳐서 나물무침이나 해먹을까 했더니
뜨거운 햇살 받아 먹고
장다리가 생겼다

이른 아침
텃밭에 나가면
쌉싸름한 무꽃 향기를
한아름씩 들이킨다

파 한 뿌리 뽑아서
아침 준비하는 내내
킁킁대며 무꽃 향내
되새김질 한다

창문 저 편에서

호르르 호르르
호반새 우는 소리에
잠시 창을 열었더니
붉고 큰 부리로 부르는 노래가
내 가슴을 열어 주는구나

나를 알아보고
주저주저 하더니
야속하게 날아가더라

창문을 닫고 기다렸더니
네 노래 숨죽이고 기다렸더니
다시 그 나뭇가지에 앉아서
나를 불러내더라

작년에 날개 다쳤던 그 새인가
자꾸 내 마음 잡아끄니
더욱 기다려지네

적적할 때 찾아와서
호르르 호르르
나를 불러주는 소리
그 소리 기다리다가
일손 놓고
오뉴월 다 가겠네

내가 네게로

하루 또 하루
견디는 것은
바람이 나뭇가지를 흔들다가 놓아주듯
내가 네게로
다가가고 싶어서이다

골짜기를 건너온 바람처럼
내가 네게로 걸어나와
낯설게 바라본다

변해가는 모습에 놀라고
이게 아닌데 하지만
다 그렇게 시간을 거스르고 돌아왔다

나이테가 하나 둘 늘어가도
바람벽에 수없이 부딪히며
내가 네게로 가고 있다

아주 오래 전에는
반짝이는 나뭇잎만 보이고
구름 위의 파란 하늘만 보였다

딸에게

너는 어여쁜 신부
꿈을 가져도 돼

작은 보금자리를 꿈꾸고
큰 사랑을 가져도 돼

알뜰히 욕심을 내 봐
한껏 치장하고
밝게 웃어도 돼

아침 해가 떠오르면
너의 사랑이 빛나고
밤이 오면 별이 되어 반짝인다

너무 조바심은 하지 말아
자신 있는 믿음으로
한 걸음 한 걸음 나아가면 돼

네 사랑이 아름답게
느껴지는 이 시간
나의 사랑도 함께 건져 올린다

오래된 베개

여름내 비가 오더니 해가 떴습니다
아침은 눈부시게 다가오고
거미들이 곳곳마다 그물을 칩니다

한낮에는 불 앞에 앉은 듯 따갑습니다
곰팡내 나는 이불을 햇볕에 널었습니다
습기와 먼지를 날려 보내고 나니 상쾌합니다

장롱 속에 숨어있던 베개 하나 꺼내 놓고 망설입니다
삼십 년도 훨씬 넘은 어머니가 만들어 주신 베개
곱게 누벼 만든 베갯머리가 초라하게 변했습니다
망설이다가 버리기로 했습니다

어머니의 정성을 생각하면서 꼭 간직하고 싶었는데
이제는 버릴 때가 되었다고 생각하니
내 손이 불쌍하게 주저주저 하는 것 같아
슬픈 마음이 되었습니다

어머니를 버리듯 나를 버리고
그렇게 버리고 나서도 못내 아쉬워
오늘 하루가 무겁게 가라앉습니다

아침은

아침은 창을 타고 들어와
거울 앞에 서 있는 나를 바라본다
빛이 거기에 있다
나와 함께

이 빛이
언제 또 내게 와 줄까
다시 기억해 내고 싶은
이 순간
돌아올 수 없는 오늘을
나는 내일 다시 되풀이하고 싶다

거울 속에서 만났던
눈부신 아침과 나를

지난 밤에는

당신이 오셨습니다
아주 작아진 모습으로 걸어오시더니
문턱을 넘지 못하고 넘어지셨습니다
잠을 깨어 보니
당신 딸 걱정에 서둘러 오시느라
온몸이 다 닳아서 작아지셨나 봅니다

이미 남편은 외출을 하고
저 혼자 남아서
어머니를 생각합니다
혹한의 겨울을 잘 보내라고
추위도 무릅쓰고 찾아주신
어머니
고맙습니다
또 잊고 지낸 세월들
죄송합니다

그동안 몇십 년이 흘렀는데
당신의 나라에서는
이 딸의 모습이 잘 보이시나요
가느다란 사랑의 연줄을 타고 오시는
어머니
살아서 사랑할 수 있는 것 다 사랑하라고
그렇게 일러주시는 것 같아
더욱 감사의 눈물이 흘렀습니다

3

할 말 있어요

할 말 있어요

당신에게
할 말 있어요

아직은 귀를 열어놓고
기다리세요

당신에게
따뜻한 밥 한끼
해주고 싶어요

당신이 맛있다고
무조건 다 맛있다고
한마디만 해주면 돼요

그리고 나면
이 손이 부끄럽지 않을 거예요

이 세상 다해서
하늘 여행 가더라도
후회 없는 그런 날이 되겠지요

별이 빛나던 밤에

내가 처음 당신을 만났을 때
다리가 후들후들 떨리고
배가 아파오고
머리가 어질어질 하였지

내 몸에 죄가 가득 차올라서
눈물도 나오지 않았지
그분을 만날 수 있는 것만으로도
감동의 순간이었지
그날 밤에는
별도 유난히 빛나고
별이 왜 빛나는지
분명히 알 것 같았는데

이제는 그 기쁨도 사라지고
내가 왜 여기 서 있는지
당신이 왜 나를 부르시는지
별이 빛나던 그날 밤의
그 설레임으로
당신을 다시 만날 수 있었으면...

어느 날

어느 날 갑자기
이런 생각 했어요
삭막하고 어지러운 세상
잊고 싶은데
잊혀지질 않는다면

차라리
장독대 한켠에
봉숭아를 심어놓고
고운 물 손톱에 물들이며
잊어볼래요

삼백 예순날 중에
백일 동안 꽃을 피우는
백일홍도 심을래요
그 꽃 피었다 지는 날까지
외롭지는 않겠지요

뒤란에도 무더기 무더기
코스모스씨 흩뿌려놓고
바람에 꽃대 일렁일 때마다
함께 춤을 출래요

또 가을이 왔습니다

모든 것들이 물들어 갑니다
하늘도 나무도 마음에도
물이 들었습니다
어릴 적 추석 명절에 입었던
추석빔처럼 아련한 빛으로
단장을 했습니다

그 때 그 추석은
때때옷으로 인하여 따뜻하였고,
붉은 대추알처럼 황홀하였습니다
차례상에 오른 대추 맛을
잊을 수가 없는 것처럼
올해도 울안에
대추가 주렁주렁 매달렸습니다

이른 아침부터
대추 한 알 입에 물고
하루를 시작합니다
모두가 땅 위로 떨어져야 하는
자연의 순리대로 사랑하렵니다
잠자리 날개 접는 저 뒤안길의 이야기도
잊지 않고 기억하겠습니다
줍고 또 줍고 쓸어 담고
알곡은 창고에
껍데기는 다시 올 그날을 위해
썩혀 두렵니다

시래기

눈서리 맞으며
바람으로 속 비워내고
서걱대며 노래하더니
다 비워낸 가벼움이
진한 맛을 품었구나

질긴 생의 막바지에서
마음의 근심걱정까지도
후룩후룩 잘도 넘긴다

시원하기도 하고
구수하기도 한
시래기국 한 사발이면
세월의 긴 터널 속 응어리까지도
다 녹여주는구나

2016 그 여름

고춧잎 깻잎 속속들이
지쳐 있던 날들은
다 지나갔다

지치고 가라앉을 때마다
나이 탓으로 얼버무리고
돌아서서 생각하면
그 여름의 갈기가 무섬증 난다

흘리던 땀방울
아직 마르지 않았는데
텃밭에서 가지를 치켜들고
결실을 기다리는 열매들

시월로 가는 햇살은
어수선한데
파란 하늘이 언뜻언뜻
보일 때마다
후줄근한 그 날의
열기 되새기며
은행잎 노오란
그늘 아래 한 발짝 들어선다

등허리가 시리다

복더위 지난지 엊그제 같은데
찬물 끼얹은 것처럼
등이 시리다

그 언제 적이던가
칠월에 둘째 낳고
어깨에 설렁설렁 바람 스미더니
바람 불면 눈물이 흘러
바람을 피해 달아났었지

그 바람이
몇십 년이 흘렀는데
이제 나를 찾아와
반갑다고 악수를 청하네

잊고 지냈던 날들
무심하다고 찾아왔는가
반갑지 않은 손님이 되어
문지방을 건너와
등허리를 쿡쿡 찌르네

형님들 한여름에도
발 시리다 하던 말
믿지 못하겠더니
서둘러 두꺼운 옷을 꺼내 입어도
여전히 등허리가 시리네

어항 속 세상

한 줄기 먹이 세례가 이어지면
너희들은 꼬리치며 호들갑이다
그리고
시무룩한 한나절
어쩔 수 없이 노니는 시간
눈자위마다 초점을 잃고
물의 양 만큼만 유영하는
자유를 누린다

때로는 요동을 쳐
물 밖으로 귀향을 하지만
목숨이 위태롭다
조력자 없이는
다시 돌아갈 수 없는 세상

살고 싶지 않아서 뛰쳐나와도
속 시원한 구석이 없구나

어항 속 물고기를 바라보던 눈길
언제부턴가 별 관심이 없다
우리네 세상살이도
별반 다르지 않아

설을 위하여

아이들 생각하고
무엇을 해줄까
궁리하다가

다 귀찮은 마음
서랍 속에 넣어두고
만두 소 만들어 만두를 빚는다

그래
떡국은 먹어야지
나이 먹은 값을 해야지

갈비라도 뜯어야 설다울까
갈비도 재우고
상큼하게 물김치도 담근다

너희들이 오지 않으면
무슨 설이겠니
어릴 적엔 설빔 기다리며
밤새도록 꿈을 꾸었지

지금은 설빔도 간절하지 않아
얼굴 한번 보고 등 다독이고
맛나게 먹는 모습 보며
미소 짓다가
나이 한 살 더 먹으면 만족해야지

새끼 딱따구리

톡톡 토닥 톡톡
마른 밤나무 가지에 앉아
열심히 쪼고 있는 넌 누구니?

이제 막 날기 시작한
딱따구리 새끼인가 보다
작고 어여쁜 것이
망치 소리를 흉내내고 있다

얘, 너 뭐하니?
불러도 아무 반응이 없다
오로지 쪼는 연습에 열중해서
인기척도 모르는 양
나뭇가지와 씨름한다

톡톡 토닥 톡톡
엄마 품 떠나 먹이 찾으러
날아왔니?
저 혼자 살아가는 연습을
하고 있나보다

딱따구리야,
앞도 뒤도 돌아보고
그렇게 여유롭게 살아도 돼
알겠니?

아직은

햇살이
밭머리에 쏟아져 내린다
은행잎도 아직은
초록으로 뜸들이고
바람에 흔들리고 싶지 않은
그런 시간이다

달이 구름 속에 숨어
세상을 살핀다
아직은
고구마 순도 싱싱해
나무들 우우 숲에서 울고
잎새들 이슬에 젖어
생기를 더해가고 있다

김장 무가 조금씩 굵어갈 때마다
계절은 잠자리 날개 같은 주름 하나
더 선물하고 싶어
쓸쓸히 바라보는 이의 등 뒤에서
어정거린다

사과에 붉은 빛 덧칠해 주려고
종종걸음 치며
해가 걸어오고 있다

마당가의 고양이들

우리는 별로 친하지는 않지만
마당 건너 나무둥치 아래
내가 버리는 음식쓰레기를 기다리고 있다

현관문을 덜컹 열고 나가면
여기저기서 고양이들이
어슬렁거리며 따라온다

배고프다고 슬픈 눈빛을 하고
반갑지만 나를 좋아하지는 않는
그들이지만
생선토막이라도 있는 날은
먼저 고양이를 떠올린다

가끔 집 나갔다가
돌아올 때는
집이라도 지켰다고
마당가에 웅크리고 앉아서
주절거린다

반갑지만 냉정한 눈빛으로…

화분 채취

너희들이
꽃 위에서 뒹굴 때
그저 좋아라 했지

몇 번이고 뒹굴어
꽃가루 한 덩어리
다리에 매달고 오면

화분 채취기를 빠져나갈 때
다리 하나 떨어져 나가고
날개죽지가 떨어져 나가고

벌같이 부지런하라고
늘 입버릇처럼 말하곤 했지

오체 투지로 화답하는
벌들의 이야기
가슴 시린 이야기

그대 뒷모습

알맞은 키에
알맞은 체격

꼿꼿한 허리와 어깨
뒷모습 바라보며
그대 뒤따라 갈 때는 든든하지

하지만
뒤돌아보지는 말아줘요
얼굴 마주치면
웃을 수도 울 수도 없는
내 마음

당신 눈망울 속에
내가 찾아가는 길
보이지 않아요

미안해
이런 내 마음
정말 미안해

벌에 쏘인 날

나 벌에게 한 방 쏘였네
손가락이 퉁퉁 부어올라
오늘 하루 몹시 불편하였네

벌은 제 생명을 침으로 바꾸었네
살기 위한 고통을 우리는 늘
불만스럽게 얘기하곤 했네
목숨까지는 어림도 없지만
벌에겐 큰 용기와 결단이
항상 준비되어 있었네

우리는 늘 비겁하게 물러나고
돌아서 버렸네
옳은 일이든 타협하려던 일들로부터
핑계를 대고 이유를 달았네

나 벌에게 한방 쏘인 날
정신이 번쩍 들었네

4

도서관에서

도서관에서

시집을 빌려가는 나에게
시가 재미있느냐고
누가 묻더군요

그래서 나는
머뭇거리지도 않고
바로 대답을 했지요

그럼요
시집 한권을 읽으면
그분의 삶이 보이지요
한권의 소설을 읽은 느낌이에요

그가 웃더군요
나는 그의 표정이 신기해서
그를 보며
따라 웃었지요

미아리에서

어디에서도
흙을 밟을 수는 없다
발밑에 느껴지는
둔탁한 소리와 함께
차들과 사람들은
어디론가 분주하게
오고 간다

건널목을 건너면
또 비슷한 길
길이 널려 있다

어딘가 시간에 쫓기며
가야만하는 서울의 거리
나는 가야 할 길을 잃어버리고
섬처럼 서 있다

지나치는 사람들은 말없이
나를 비껴가고
당신은 왜 거기에 서 있느냐고
아무도 나에게 묻지 않는다

내가 타야 할 버스는 오지 않고
건너야 할 건널목에는
빨간불만 꺼질 줄 모르고
위험하다고 경고를 하고 있다

성북동에서

수연산방에 가면
이태준 선생님의 향기를 맡을 수 있을까
피붙이의 끈끈함도 만날 수 있을까

수연산방에 들어서니
반기는 사람 하나 없어
차를 주문할 생각도 못하고
길상사로 발길을 돌렸지요

법정스님 무소유의
소박한 가르침을 몸으로 느끼고
백석을 사랑한 여인의
아름답고 슬픈 얘기를 엿듣다가
붉은 꽃잎 다 떨어진 상사화를 보았지요

한용운님의 생가에 들어서니
강직해 보이는 독립운동가의 모습과
사랑을 노래하던 시인의 목소리가
들려오는 듯하여
얼굴 붉히며 종종걸음으로
심우장을 빠져 나왔지요

골목 굽이굽이 돌아나오는 길에
시멘트 바닥을 기어가는
나팔꽃 한 송이
반가웠다고 잘 가라고
덩굴손을 흔들어 주었지요

소이산에 오르면

논배미마다 바다가 되어 출렁인다
저기 저곳은 너의 바다
여기 이곳은 나의 바다
물 대고 써레질한 논바닥이
제 모양대로 바다가 되어 출렁인다

바람이 잦으면 거울이 되어
하늘이 내려와 앉는다
구름이 햇살을 이고 풍덩 빠져 있고
제 모양만큼 출렁이며 꿈을 꾼다

봄부터 가을까지 눈 빠지게 지켜보는
농부들 삶의 나루터
북녘의 능선 바라보며 평강고원 그 너머
바다를 그리워한다

그들의 바다는 어떻게 생겼을까
우리의 마음 부풀 듯 그네들의 마음에도
풍성한 가을 물결이 기다리고 있을까

송대소에 갔더니

한탄강 줄기 따라가면
너른 바위가 넓게 펼쳐진 곳

이날 따라 주상절리는
오묘한 빛으로 각을 세우고
모서리마다 돌단풍 뿌리내려
보듬고 있었네

누가 다녀갔는지
너른 바위 꼭대기에
작은 돌탑 세워 놓았구나
돌탑 주변을 맴돌다 보니
부처 되어 강을 내려다보고 있네

강물 소리는 독경 소리처럼 들려오고
바위틈새 나무들은
어느새 잎 다 떨구었네

그 바랜 빛들 모여 모여서
요란한 마음을 다스려주네

철책선 부근에서

새들 지저귀며
날개짓하고
꽃 피워내는 나무 등걸 아래
꿀벌들 잠시 쉬고
사랑도 잠시 숨 돌리고 있어
저만치 동족상잔의 바람이 인다

불러야 할 이름도 잊은 채
멈추어 버린 메아리를
다시 떨리는 목소리로
불러내고 싶은데
바람은 자꾸 옷자락을 끌어당긴다

어느 백골 묻힌 산자락엔
칠십 여년의 세월이 흐르고
녹슨 이념으로 뿌리내린
그 자리에
향기로운 아카시아 꽃으로 피어 있다

두물머리에서

간절한 마음으로
잠 설치고 달려간
해돋이

강물은 맑지도 신비롭지도 않았지
북한강과 남한강이 키운 갈대숲
바람 따라 춤추고 있었지

춤사위를 주체할 수 없어
싸한 바람결 따라
우리 몸도 함께 내닫고 있었지

습기 머금은 바람은
팔다리를 쓸어내리고
초로의 긴장된 얼굴들
무언가 텅 빈 구석을 채우고 싶어
안달이 났었지

오늘만큼은
해가 보석처럼 눈부시게
솟아오르기를…

살아야 하는 이유
빛이 담긴 그림을
저마다 가슴에 새겨야 하니까

기러기가 왔구나

하늘에 함성이 가득 찼구나
추석 연휴에 자식들 거두어 먹이느라
눈 멀고 귀 먹어 너희들 오는 것도
몰라보고 있었구나

철원벌이 그리워 어찌어찌 지냈느냐
토교 저수지 물 그리워 어찌어찌 지냈느냐
한 치의 어김도 없이 돌아온 기러기들
너희들 모두 대견하구나
통일의 함성이 저렇게 우렁찰까

아마 낙타고지 능선 너머
그네들도 들었겠지
거기서도 송편 빚고
보름달 뜨면 아이들 소원 빌고
어미들은 허리가 휘도록
거두어 먹이느라 바쁜 나날 보냈겠지

빈 들판의 벼는 베어져 허전한데
너희들 날개짓에 시름을 잊는구나
먹이 찾아 먼 길 날아온 손님맞아
철원벌은 잔치상이고
무상의 보시를 위해
한상 가득 차려 내는구나

장미가 있는 골목에서

장미가 소담스럽게 피어 있는
울타리를 지나다가
나 문득 생각했네

대문을 박차고 뛰어나오는
아이들이 보이네
장난기 어린 눈망울 굴리며
깔깔대는 모습이라니

함박미소 머금은 여인네가
뒤따라 나오고
골목이 시끌벅적 해지네

나 기웃거리다가
절로 웃음 흘리며
넝쿨장미가 흐드러진
골목을 지나치네

가다가 또 아쉬워
뒤돌아 보니
장미꽃 송이마다
아이의 해맑은 얼굴이
숨어서 나를 보네

별 하나가

내 몸에 별 하나가
아직도 살아서 반짝이고 있어요
아련한 그리움으로
내 숨결을 타고 와서는
보고 싶어요
보고 싶다고 외치고 있어요

비 오면 천둥소리 타고 와
귓가에 머물러
가지도 오지도 못하고
서성이고 있어요

잔잔하게 찾아드는 강물소리처럼
실핏줄을 타고 와서는
심장으로 고여 들고 있어요

빛도 바래고 엷어져서
간신히 알아볼 수나 있을런지
달맞이꽃 다 지기 전에
밤이슬로
더듬더듬 찾아오세요

마음 가는 곳

가끔
쓸쓸하고 울적해지면
가파른 언덕에서 물지게를 지고 오르던
나를 만나러 간다
가난이 서리서리 쌓인 그 길을
비척이며 올라간다

학교를 파하고 돌아오면
우리들은 공터로 모여들었다
사방치기, 고무줄놀이, 숨바꼭질
때론 연극의 막이 오르기도 했다

배고픈 줄 모르는 오늘
어둑한 부엌에서
아궁이에 불을 지피던
나를 만나러 간다
허연 쌀밥이 먹고 싶었지만
그래도 그때는 신명나게 놀았다
어둠이 밀려와도
배고픔도 잊고 무섬증도 잊고
헤어질 줄을 몰랐다

가끔
쓸쓸하고 울적해지면
나는 별이 쏟아져 내리던
그 공터로 달려간다

순덕이, 순옥이, 혜숙이, 혜영이 만나러
그곳에 간다

여든 여섯 할머니

백마고지 역에서 통근열차를 타고
일렁일렁 서울 가는데
할머니가 내 옆자리에 앉았다

같은 동네 살던 친구가
서울로 이사를 갔는데
그 친구 만나러 가신단다

서울 나들이 가는 길
산뜻한 운동화 신고
입술연지도 바르고
뽀얗게 분칠한 얼굴에 반점이 매력 있다
손에는 쌍가락지
그 가락지 안에 정 가득 움켜쥐고
사랑 나누러 가시나보다

내 손을 내려다보니
반지도 하나 없는 빈 손
살아온 세월이 텅 빈 것 같아
왠지 부끄럽다

이십년쯤 후엔 나도
할머니처럼 서울 나들이 갈 수 있을까
자꾸만 자신이 없어
나는 내려놓고

여든 여섯 할머니를 태운 기차는
한탄강역 강바람에 떠밀려
서울로 서울로 힘차게 달려간다

빛나는 것은 땅위에도 있다

무서리로 촉촉이 젖어야
색을 빛낼 수 있다고
누가 말해주지 않았다

이른 아침 떨어진 잎새들
좀 더 자유로워진 몸뚱아리
햇빛 받아 눈부시다

다시 올 그날을 위해
떨어져 누운 옷가지들
지그시 풀섶에 기대어
아침을 수놓는다
눈을 들어 우듬지에 꽂히더니
심호흡 한 번 하고
발치에 채이는 꽃보다 더 정갈한
잎새를 만난다

하늘에서 빛나던 해와 달과 별이
땅위에 누웠다
발을 들어 조심조심 밟아본다
은행잎, 단풍잎, 생강나무, 참나무
잎들, 잎들
조곤조곤 작별인사를 나누고 있다

2018 마트에서

백년만에 찾아온 무더위란다

팔월의 햇살이
너무 뜨거워
오이가 허옇게 바랜 얼굴로
진열대에 놓여 있다

때깔 없는 과일들
폐기처분해야 할 것들이
당당하게 자리를 차지하고
죄송하다는 듯
머리를 조아리고 있다

며칠 사이에
턱없이 오른 물가
주부들 마음은 까맣게 타들어 가는데

눈 한번 질끈 감고
계산대에 줄을 선다

꿀을 팝니다

여보세요-
여기는 철원입니다
그간
안녕하셨어요

올해는 꿀이
평년작은 됩니다
얼마나 필요하신가요

다섯 박스 아니, 일곱 박스요
네-
보내드리겠습니다

일년만에 하는 통화
내용은 늘 같습니다
믿음이 녹아 있는 그들 마음에
달콤한 꿀이 택배로 흘러갑니다

늘
건강하세요
네-
고맙습니다

그렇게 삼십년 지기

5

요즈음

요즈음

우리집 아저씨는요
초등학교 시절
내가 만들었던 판화를 닮았어요
이마에 골이 대여섯 개는 되나봐요
그 패인 골마다 니코틴이 들어가
잠을 자고 있나 봐요
담배 값을 올린다고 떠들어도
절대 끄떡 안해요
성인병 어쩌고 해도
흥흥! 콧방귀만 뀌지요
식구들이 담배 좀 어쩌고 하면
눈을 부릅뜨고 달려들 것 같아요

우리집 아저씨는요
조상들이 만들었던 하회탈을 닮았어요
웃음과 해학이 담긴 그런 얼굴이냐구요
아니, 아니요
그런데 남들은 그러기도 하데요
굵은 주름과 커다란 눈이
선뜻 다가서기가 좀 그렇다나요
그래도 내가 하는 말을 처음에는 우기다가
나중에는 다 들어주는 하회탈이지요

요즘은
강변 따라 걷기 운동을 열심히 하고 있어요
개운한 눈빛을 하고는
나를 바라보는 것이
예사롭지 않아요
아마도
이마에서 잠자고 있던 담뱃진들이 맑은 이슬로 털고
도망가게 될지도 모르지요

산다는 것

지나고 보니
힘들고 무거웠던 짐
내가 만든 아집 속에 숨어 있었네

툴툴 털어버리고 나니
바람구멍 숭숭 뚫려
가슴 속 새로운 바람으로 밀려오네

하늘이 높아져도 낮아져도
그저 하늘이거니
그 아래 흘러가는
수많은 티끌과 함께 끈을 대여
부딪히던 날들 가물거리네

바람은 마당을 건너
골목으로 사라지고
사람들 빈손으로 걸음을 재촉한다
산다는 것은
잡히지 않는 허공을
움켜쥐려는 고달픔 속에 있고
하늘에 구름 모였다 흩어지는 순간에도
끊임없이 치닫고 있네

어둠에 들 때
눈감아 어둠을 삼켜버린 사이
또 다른 아침이
깃발처럼 나부끼며 일어서네

산다는 것은 별 것 아니야
해 뜨면
아침마다 자리에서 일어나는 연습이지

오늘을 산다

지내온 나날들
그날들 다 스쳐 지나가고
바람 되어 흩어져 갔구나

오랜만에 친구와 통화를 하고
서로를 염려하고 격려하면서
아쉬워 또 한마디 건네 보고
그래도 전화기를 내려놓지 못하고
머뭇거린다

우리의 소중한 시간이
얼마나 남았을까
조바심 나고
어제 간 친구의 남편을 애석해한다

우리가 어느새 꽃 지는 때를
알아버리고
잎새 떨어져 바람에 퍼덕이는 날을
알아버리고
파란 하늘이 그리워져서
하늘을 쳐다본다

꽃같은 시절은 그 하늘 아래
담 모퉁이에서 바래지고
가끔씩 구름 떠가듯
그렇게 그리워하며
오늘을 산다

밤을 줍다

도토리 영글어 떨어진다는
소문 들리고
늦더위가 아직도 기승을 부리는데
우리집 밤나무는 소식이 없다고
투덜거렸더니
어느새
밤송이가 입을 벌리고
알밤을 토해내기 시작했다

아침이면 바구니 들고 장화 신고
후두둑-뚝 떨어지는 밤나무 밑에서
밤을 줍는다
호박덩굴과 풀이 무성한
사이사이에 숨어 있는 밤을 줍는다
이슬에 젖어 더욱 윤기 나는
오진 밤알을 주워 올릴 적마다
뿌듯한 마음
발길도 가볍게 밤나무를 맴돌고 있다

먹을 때보다
밤을 줍고 있을 때
더 기분 좋은 것은 왜일까
상쾌한 바람과 햇살이
등허리를 감싸주고
식구들 모여 앉아
오도독 오도독 밤 깨무는 소리 상상하며
기대에 잔뜩 부풀어 있기 때문일까

잡목 제거하던 날

뒤뜰에 올라간지
몇 년이나 되었을까
잡목들이 제법 많이 들어섰다

개복숭아 나무 아래
쥐똥나무가 즐비하다
새들이 놀다 간 흔적이다
은행나무 밑에 조팝나무들
제 평수 늘려서 보란 듯이
새잎 달고 나풀거린다
아카시아 나무도 질세라
드문드문 가시 드러내고
뻘쭘하게 서 있다

은행나무 밑에서
잔걸음 치다가 내려왔는데
지난 밤에 어깨가 욱신거려
잠을 설쳤다

작은 나무들 그 찢어지는 아픔이
내게 전해져 온 것일까
잘려나간 칡넝쿨 사위질빵 덩굴이
온몸을 옥죄는 것 같아
옴짝달싹 못하고
긴 밤을 보냈다

사랑니 뽑던 날

이치과에서
사랑니를 뽑지 못했다
사랑이 그대로 나와 함께
보존될지어다

박치과에 갔더니
요리조리 겨냥해 보더니
마침내 사랑니가 뽑혀 나왔다
그날 밤은
사랑 잃은 빈 자리가
한없이 컸었지

날이 갈수록
바람으로 세월로
메우다 보니
이제 사랑니 같은 것은
흔적도 없다

사랑니 뽑고
사랑을 앓던 날들은
안개처럼 다 지워지고
적막이 집을 짓고 들어 앉았다

사랑 같은 거 앓고 싶으면
진즉에 치과에나 갈 일이지
두고두고 사랑니 건드려 볼 일이야

감기

감기가 와서 나가지 않는다
볼품 없고 연약한 이 몸에 깃들이니
그런대로 좋은 모양이다

작년에 김장 담글 때
감기에 온통 지쳐 있었는데
지금 또 자리를 잡고
떠날 생각을 하지 않으니 불안하다

갈수록 일은 더 많이 보이고
몸은 삐걱대는데
하늘은 점점 높아가고
서릿발이 성큼 다가설 것 같다
하루 빨리 채비하고
떠날 준비를 했으면 좋으련만

바람이 싫어 창문을 닫고
자리에 누우니
감기도 함께 와서 눕는다
그래, 오늘 저녁엔 재워줄 테니
내일 아침엔 나도 모르게 떠나가다오

집에 돌아오면

집 떠나
며칠 나갔다 오면
늘 하는 말
아이구 내 집이 제일 좋구나
궁시렁대며
벌렁 드러눕는 사람
그 사람-
때론 밉기도 하지만
옳은 소리 한번 한다고
속으로 맞장구 친다

낡은 살림살이도
집 떠나 멀리 갔다 오면
왠지 정겹게 다가와
맞아 주는 것 같고
방바닥에 뒹구는 먼지조차 반갑다

창가에 놓인
몇 안 되는 화분들이
목마르다고
우르르 눈길을 보낸다

그래
안다, 다 알아!
반갑다는 그 말 다 알아들었다니까

삼형제가 살았습니다

철책선을 울타리 삼고
폿 소리를 자장가 삼아
묵쟁이 땅을 개간하고
꿀벌을 치며 살았습니다

모이면
꿀벌 이야기만 했습니다
모이면
벼 익어가는 이야기만 했습니다

아카시아 꽃이 피고
벼꽃이 피면
바람이 불까
비가 올까
걱정하며 애를 태웠습니다

한 해 두 해 수십년이 흘렀습니다
할아버지가 된 삼형제는
아직도 꿀벌 치고 벼농사 짓고
힘들다 힘들다 하면서도
가을이면 햅쌀 거두어들입니다

여전히 철책선 울타리는 높고
꽃 소리는 만가처럼 들립니다

밥상을 위하여

너 아침이 또 왔구나
나는 너를 향해
또 흥정을 한다

어제 먹던 반찬에 한 가지를 더해 보고
집을 짓듯 자재를 구상하고
어줍잖은 집을 짓는다

몇 가지 마련된 찬거리들과
밥을 한소끔 끓인다
아침마다 열심히 해보지만
같이 밥 먹는 사람은 항상 시큰둥하다

한참 동안 밥상을 내려다보고는
뭔가 체념한 듯
밥숟갈을 든다

오늘도 열심히 설계하고
집을 지었건만
내 안에서 집은 허물어진다

눈 멀뚱히 뜨고
할 말은 잊은 채
기계적으로 수저를 움직인다

그래도 또 내일을 기다려야 한다
위대한 밥상의 눈금을 재고
또 재기 위하여

빌려온 시집

너, 오늘
임자 만났다

도서관 구석진 곳에서
한숨 푹푹 쉬어가며
몇 날을 보냈는지
몇 해를 보냈는지

손때 묻지 않은
표지와 속지가
임자를 만나 파르르 떨고 있다

책갈피마다
깨알같은 시는 어땠을까
지루하고 쓸쓸할 때마다
눈물 펑펑 쏟고 있었는지도 몰라

새 책 선물 받은 것처럼
상큼한 기분도 잠시,
세상이 슬프게 다가와
시집 한 권 품에 안고
눈물 콧물 다 떨구었네

졸업시험

강의 듣고 문제 풀고
다시 궁금하면
책 한번 더 들여다 보고
마지막 안간힘을 다해
달려왔다

시험지를 펼치는 순간
아득해진다
난이도가 장난이 아니다
겁먹은 아이처럼
잔뜩 긴장해 가지고
문제를 풀기 시작한다

답안지를 내고 보니
옳은 답이 아니라는 문구가
더 헷갈려
반대쪽 답을 찍었나 보다
과락을 오락가락
점수가 널을 뛴다

잠이 오지 않아
또 시험지를 펴 놓고
정답과 오답 사이의 건널목을
우왕좌왕 밤이 깊어간다

흐린 날은

뭔가
일이 하고 싶은 날
비설거지를 하듯
나는 분주하게 일을 찾아서
바쁘게 하루를 보낸다
그런 날은
내가 나를 찾은 날
알찬 하루를 보낸 것 같아
마음이 날아갈 것 같다

해가 구름 속에 숨은 날
그날은 내 마음의 장날
이것저것 내키는 대로
일을 해 치운다
몸은 좀 고달프지만
내가 시키는 대로
내가 척척 해내는 일이
대견하고 신이 난다

몇 십 년 묵은 살림살이
해도 해도 끝이 없다
어느새
나도 모르게 쌓인
세월에 찌든 세간살이
쌓인 먼지들
오늘도 그들과 친구하며
또 하루를 보냈구나

지금 시작할까

뛰어 넘어야 할 산이 있다
건너야 할 강이 있다
앞만 보고 달리자
비가 오고 눈이 와도 바람이 불어도
쉬지 않고 달리자

푸른 하늘이 저기에 있다
캄캄한 밤하늘에 별이 빛난다
얼마나 오랫동안 별빛을 바라보지 않았는지
그냥 캄캄한 밤을 터널처럼 빠져나왔다

세상은 변하였는가
우리가 만든 세상이 우리를 배반했는가
내일은 별을 만나야겠다
별과 이야기하고 눈 맞추고
아득한 옛 이야기 꺼내서 그리워해 보고
가슴이 콩닥콩닥 뛰는 일을 만들어야겠다

새들은 오늘도 즐거운 날개짓을 보여주었다
나뭇가지 사이를 바쁘게 날아다녔다
내 어깨 위에 날개를 달자
언젠가 꿈속에서 박제된 새가
날개를 펴고 날아갔었지
그날이 내일처럼 오고 있단다

총각김치 담그던 날

머리카락 떨어질라
모자를 쓰세요
양념 넣은 알타리무 김치
버무리세요

고춧가루가 적다고요
더 넣어드릴게요
파랑 갓이랑 젓갈도 넣어드릴게요

버무리는 솜씨가
힘차고 제법이네요
간을 보라구요
음- 간이 맞아요
무에 간이 스며들어가면
괜찮겠어요

평생 처음
남편이 버무린 총각김치
언제 맛이 들려나

기다려지네

작가의 말 | **두 번째 시집을 내면서**

스물여섯, 민통선 마을 철원에 시집을 왔다.
꿈꾸던 문학의 작은 보따리를 아궁이에 태워버렸다. 우선 주어진 삶을 살아야 했다. 아이들 낳아 키우고 농사꾼의 아내로 일을 배우기 시작했다. 서툰 일이지만 나에게 주어진 일을 묵묵히 받아들이고 한 가정을 이루기 위해 한발 한발 내밀기 시작했다. 허연 쌀밥만 먹을 수 있어도 감사했다. 땀방울을 흘리며 '아 이것이 삶이구나' 밭고랑에서 논두렁에서 풀을 베다가 문득문득 깨닫곤 했다. 노을 지는 들녘을 바라보면서 때론 자연이 내게 주는 아름다움에 놀라기도 했다.

아이들이 크고 지천명을 넘기고 이순을 바라보는 나이에 나는 다시 아궁이 속에 던져버렸던 내 꿈의 보따리를 잿더미 속에서 추스르기 시작했다.

어느날 태봉제 백일장에 나갔다. 시 제목은 '어머니'였다. 나는 잊고 있었던 어머니를 낙엽이 쌓여있는 행사장 귀퉁이에서 가만히 불러내고 있었다. 바람에 뒤척이는 잎새를 바라보며 어머니를 그리워하던 막내딸을 그려내고 있었다. 나는 장원을 했다. 그 어머니가 철원에 이주해온 이주민들의 마음을 움직이게 했나보다.

그 이후 나는 시간을 내어 도서관에 드나들면서 문학 강의도 듣고 동아리 활동을 하기 시작했다. 작품이 하나 둘 늘어갈 때마다 초등학교 시절 백일장에 나가 상을 타던 때를 떠올리고 자랑스러워하던 어머니를 떠올리고 혼자서 미소를 흘리기도 했다. 초등학교 때 담임선생님이 내 일기장을 읽어주셨지. 그때는 책상 밑으로 숨고 싶도록 부끄럽고 창피했는데 지금 생각하면 그 선생님이 고맙고 그립다.

몇 년이 흘렀을까. 나는 시집을 내라는 권유를 받았다. 내 시를 읽고 또 읽어봐도 이건 아니야 아직은 아니야 자신이 없었는데 덜컥 시집을 내고 보니 읽을 때마다 눈물이 났다. 가난과 그리움이 점철된 시집 속에서 울면서 나는 다시 태어났다. 보잘 것 없지만 아직 부족하지만 딛고 일어섰다. 조금씩 자신감도 생기고 희망이 생겼다. 그래서 뒤늦게나마 방송대에 들어갔다.

나를 알기 위해 앞으로 어떻게 글을 써야하나. 무거운 마음을 풀기위해 4년 동안 열심히 공부하고 시집도 많이 읽었다. 시인들과 책 속에서 웃고 울고 함께 교감을 나누었다. 그러고 나니 내 시가 다시 보이기 시작했다. 뭔가 조금은 달라졌을까.

요즘 두 번째 시집을 준비하면서 설레기도 하고 때론 힘겨워 하면서 독자들에게 다가갈 부끄러운 삶의 여정을 꽃잎 내밀 듯이 조심스럽게 세상을 향해 내밀어 본다.

해설 | 글과 사진이 어우러진 시집 발간을 축하하며

1

예술의 특징을 한 마디로 정의를 하면 '기록적인 측면이 강한 것'이다. 자신의 경험이나 상상하는 것을 글로 남기는 것이 문학일 것이다. 그리고 자신의 시각을 담아내는 것이 사진이다. 시와 사진은 다른 분야 같지만 조그만 더 깊이 생각을 하면 유사성이 많다. 시라는 분야가 자신의 특별한 감정을 글로 포착하는 것이고 사진은 렌즈 안에 피사체를 포착하는 행위라는 점을 생각하면 서로 이웃사촌처럼 잘 어울린다는 생각을 평소에 갖고 있었다. 그런데 이번에 발간하는 김백란 詩人의 두 번째 시집 '할 말 있어요' 가 이종건 사진작가의 작품과 어울려서 발간된다는 소식에 독자들에게 주목 받을 것이라는 생각에 기대감을 갖게 한다.

2

詩의 기원에 대해 명확하게 규명되어 있지는 않다. 다만 언어의 탄생과 동일하게 보는 가설이 많은데 일반적으로는 원시농경사회의 풍년을 비는 제례의식에서 읊었던 주문(呪文)으로부터 비롯된 것이라는 이론이 설득력을 얻고 있다. 따라서 농사를 시작하는 봄은 '詩의 기원'이 되는 계절이라는 것을 유추할 수 있다. 인류에게 봄은 부활과 소생, 성장과 희망의 계절이다. 이는 마르디 그라(Mardi Gras) 축제의 환희와 부활절의 희망 등에서 분명히 드러난다.

작가에게 봄은 특별하다. 많은 작가들이 봄에는 더 많은 창작을 하고 있다. 단편소설의 완성자로 평가 받는 상허 이태준 소설가는 1934년 3월 『신동아』에 발표 된 〈봄 글〉에서 '해마다 이때면(봄) 이것을 믿어 허탕을 잡은 적은 없었다'고 할 정도로 봄은 새로운 창작의 기회를 제공하는 시간인 것이다. 김백란 시인도 예외 없이 이번 시집에는 '봄'을 주제로 한 글들이 앞산의 진달래꽃들처럼 화사한 이미지를 보여주고 있다.

졸졸거리다가/달그락 거리다가/바람 타고 굴러오는 소리/마른잎 타고 통통거리며/ 뛰어오는 소리 - **봄이 오는 소리**

소나무 가지 휘어지도록/많이도 내렸구나/비명 한마디 내지르지도 못하고/버티고 서 있는 소나무/이 밤 하얀 이불 덮고 자면/내일은 햇살이 어루만져 줄 텐데 - **봄 눈 내리던 날**

누렇게 누워 있는/마른 풀더미 속에서/추위를 견딘 한 톨의 씨앗이/내 안의 기다림으로/희망이 되어 돌아왔다 - **봄은 늘 그렇게 왔다**

누군가 지나가는 말로/광화문 바람은 여전히 황량하다고.../떨고 서 있는 가로수를 향해 토해낸다 - **인사동의 봄**

한 손에는 호미/한 손에는 바구니/냉이가 제법 캘만 하다
- **봄이 오는 풍경**

곱던 첫 꽃 내밀 던 그 날/나도 모르게 꽃 속으로/빨려 들어갔었지
- **첫 꽃 내밀 던 그날**

저만치엔/아카시아 꽃이 흐드러지게 피고/백로 한 마리 논에 발 담그고/제 그림자를 슬프게 바라보네요 - **오월의 여인**

인용한 글들은 김백란 시인이 봄의 느낌을 쓴 글들이다. 지루한 겨울을 보내고 봄을 기다리는 성급한 마음이 '마른잎 타고 통통거리며 뛰어오는 소리'로 이야기 하고 있다. 그렇게 간절하게 기다린 이유가 '마른풀 더미에서 추위를 견딘 한 톨의 씨앗이 내 안의 희망과 기다림'이라는 고백을 하는 시인은 마침내 호미와 바구니를 들고 냉이를 캐러 나가는 기쁨을 맞이하고 있다. 그런 절정은 첫 꽃을 내밀 던 날 '작가의 꽃 속으로

빨려 들어가는 기쁨'을 경험하고 있다. 그런 환희는 그냥 얻어진 것이 아니라 철없는 봄눈에 가지가 휘어지는 아픔에 비명도 못 지르고 인사동 광화문 도시 바람을 황량하게 맞은 아픔을 겪고 난 뒤의 보상이라는 점을 노래하고 있다. 이렇게 가슴으로 맞이한 계절이 아카시아 꽃이 지고 나면 떠나야 하는 쓸쓸함을 논에 발을 담그고 있는 백로 한 마리를 통해서 슬프게 투영하고 있어서 시인의 안타까움을 엿볼 수 있다.

3

우리나라 詩에 뿌리가 되는 것이 BC 6세기에 공자가 정리 편집해서 펴낸 시경(詩經)이다. 그 책에서 가장 오래된 주석 모시(毛詩)에서는 시가 민중이나 사회의 모습을 반영하는 것이라고 기록하고 있다. 즉 '태평성대에는 즐거운 시, 난세에는 원한이 담긴 시, 망국에 즈음해서는 서글픈 시가 생겨난다.' 라고 설명하고 있다. 즉 詩는 우리들의 삶과 지역 정서를 담고 있는 것이라는 말과 맥을 같이 하고 있다는 것이다. 고기가 물을 떠날 수 없듯이 김백란 시인도 자신의 삶의 터전을 바탕으로 쓴 글들이 다양한 형태로 등장을 하고 있어서 읽는 사람에게 기쁨을 주고 있다.

봄부터 가을까지 눈 빠지게 지켜보는/농부들 삶의 나루터/북녘의 능선 바라보며 평강고원 그 너머/바다를 그리워한다 - **소이산에 오르면**

어느 백골 묻힌 산자락엔/칠십 여년의 세월이 흐르고/녹슨 이념으로 뿌리내린/그 자리에/향기로운 아카시아 꽃으로 피어 있다
- **철책선 부근에서**

철책선을 울타리 삼고/풋소리를 자장가 삼아/묵쟁이 땅을 개간하고/꿀벌을 치며 살았습니다 - **삼형제가 살았습니다**

아마 낙타고지 능선 너머/그네들도 들었겠지/거기서도 송편 빚고/보름달 뜨면/아이들 소원빌고/어미들은 허리가 휘도록/거두어 먹이느라 바쁜 나날 보냈겠지 - **기러기가 왔구나**

김백란 시인이 사는 곳은 강원도 철원이다. 이곳은 한국전쟁 참화의 흔적이 곳곳에 남아 있으며 또 화산활동으로 만들어진 주상절리가 아름다운 한탄강이 공존하고 있다. 이곳에서 젊은 날을 보낸 시인에게 작품의 소재가 되는 것은 당연하다. 그렇다고 해서 사물의 실재성(reality)을 주장하는 입장을 통칭하는 개념인 사실주의(寫實主義)에 충실하기 보다는 시인이 추구하는 서정성을 바탕으로 하는 특징을 보이고 있다. 그런 느낌을 갖게 하는 것을 설명해보면 '소이산에서 철책으로 막힌 답답한 분단보다는 평강 고원 너머 눈이 시린 바다를 상상'하고 '백골이 묻힌 땅에서 향기로운 아카시아 이미지'를 끌어내는 과정, '폿소리를 자장가로 듣고 자란 삼형제가 철책선을 울타리 삼고 살아가는 모습' 등이다. 또한 여기에 머무르지 않고 기러기를 통해 낙타고지와 송편을 불러들이는 놀라운 상상력이 발자크가 창안하고 졸라(Emile Zola)가 계승한 자연주의로 형상화 한 것을 나름 충분한 설득력을 얻고 있다.

4

문학의 소재는 언어이며 우리가 살아가는 일상생활에서 느낀 감정을 표현하는 것이다. 그런 특징이 만들어지게 된 것은 회화에서는 색과 모양, 음악의 음표와 달리 언어를 매개체로 하는 우리 생활에 밀착해 있으므로 사회성을 담을 수밖에 없기 때문이다. 이런 사회성을 창출하는 중심에는 가족과 친구들 등의 인간관계는 필수이고 문학 속에서 등장하는 것은 당연한 것이다. 옛사람들이 금과옥조처럼 여기던 인간간의 도리인 오륜이 퇴색되었다고 하더라도 현대에 맞도록 다시 만들어진 인간관계는 문학으로 창작되고 있다. 적어도 문학이 '사회의 거울' 이라는 기능이 아직 유효하다는 것을 김백란 시인 작품에서 볼 수 있다.

그 동안 몇십 년이 흘렀는데/당신의 나라에서는/이 딸의 모습이 잘 보이시나요 - **지난 밤에는**

어머니의 정성을 생각하면서 꼭 간직하고 싶었는데/이제는 버릴 때가 되었다고 생각하니/내 손이 불쌍하게 주저하는 것 같아/슬픈 마음이 되었습니다 - **오래된 베개**

너무 조바심은 하지 말아/자신 있는 믿음으로/한 걸음 한 걸음 나아가면 돼 - **딸에게**

순덕이, 순옥이, 혜숙이, 혜영이 만나러/그곳에 간다 - **마음 가는 곳**

우리집 아저씨는요/조상들이 만들었던 하회탈을 닮았어요/웃음과 해학이 담긴 그런 얼굴이냐구요 - **요즈음**

평생 처음/남편이 버무린 총각김치/언제 맛이 들려나 - **총각김치 담그던 날**

인용한 詩에서 가장 눈에 들어오는 것이 어머니에 대한 그리움이다. 작가에게 어머니는 작품의 고향과 같은 대상이다. 우리나라 시인들 중에는 어머니를 제목으로 창작하는 경우가 많다. 어떤 작가는 어머니 소재로 시집 한권을 묶은 사례도 있는데 박목월의 『어머니』와 조병화의 『어머니』, 『어머님 방의 등불을 바라보며』 등이 있다. 이런 어머니에 대해서 김백란 시인은 작고하신 어머니를 꿈속에서 만나는 것과 어머니가 한땀 한땀 정성으로 만들어 주신 베개를 차마 버리지 못하는 딸의 마음을 표현하고 있어 진한 사모곡을 듣는 듯하다. 그리고 작품 '딸에게'에서는 결혼을 하는 딸에게 어머니의 조심스러운 마음이 담겨있고 마음 가는 곳에서는 그리운 초등학교 친구들의 이름을 부르며 세월의 무상함을 노래하고 있다. 그리고 평생을 같이 산 남편에 대한 마음을 작품으로 표현했는데 '요즈음'에서는 세월의 무상함을 하회탈을 빌려서 표현한 것이 독창적으로 읽히며, 처음으로 남편이 버무려준 총각김치를 흐뭇한 시각으로 바라보면서 익기를 기다리는 천생주부의 마음을 엿볼 수 있게 만든다.

5

원론적인 이야기겠지만 우리 마음과 몸은 늘 성장하고 변화하고 있다. 그러는 과정에서 사회화를 통해 외부와 접촉을 하고 다른 사람과 다른 생각과 감정을 가지게 되는데 이것을 자아(ego)라고 한다. 다시 말을 하자면 자아는 바로 '나' 자신이다. 작가에게 작품은 나 자신을 찾아 가는 과정을 보이는 경우가 많다. 특히 여성의 경우에는 결혼을 하고 자식을 키우면서 자기 자신을 잊고 살았던 경우가 많기 때문에 자아에 대한 글을 많이 볼 수 있다. 김백란 시인의 작품에도 '잃어버린 자아'를 찾아보려는 시도가 여러 편 보이고 있는 것이 특징이다.

거울 속에서 만났던/눈부신 아침과 나를 - **아침**

우리는 늘 비겁하게 물러나고/돌아서 버렸네/옳은 일이든 타협하려던 일들로부터/핑계를 대고 이유를 달았네 - **벌에게 쏘인 날**

나이테가 하나 둘 늘어가도/바람벽에 수없이 부딪히며/내가 네게로 가고 있다 - **내가 네게로**

내 몸에 별 하나가/아직도 살아서 반짝이고 있어요/아련한 그리움으로/내 숨결을 타고 와서는 - **별 하나가**

잊고 지냈던 날들/무심하다고 찾아왔는가/반갑지 않은 손님이 되어 - **등허리가 시리다**

지나고 보니/힘들고 무거웠던 짐/내가 만든 아집 속에 숨어 있었네 - **산다는 것은**

앞만 보고 달리자/비가 오고 눈이 와도 바람이 불어도/쉬지 않고 달리자 - **지금 시작할까**

인용된 구절의 詩들에는 지난 세월에 대한 애잔한 아쉬움과 문득 거울 속에서 자신을 발견하는 이미지들이 담겨 있다. 벌에게 따끔 쏘이면서 현실과 비겁하게 타협했던 자신을 발견하고 나이테가 늘어 가면서 너에게 가려는 모습을 보이고 있다. 여기서 너는 특정 사물이나 지칭이 아니라 언젠가 잃어버렸던 '자아=나'라는 것을 추측할 수 있다. 그것은 잊고 지냈던 무심한 날들 속에서 시린 등허리를 통해 자신 안에 아직도 반짝이고 있는 별 하나를 발견한 듯하다. 그별이 그리움과 숨결을 타고 살아있다는 것이라 표현한 것이 명확한 증거라는 생각이다. 그리고 자신이 자아를 잃어버린 것은 내가 만든 무거운 아집 때문이었다는 자각을 하고 지금이라도 앞만 보고 달려보자는 옹골찬 각오가 담겨 있어 앞으로 작품에 기대를 갖게 한다.

6

작가가 작품집을 낼 때 가장 고민하는 것이 제목이다. 자신의 문학 세계를 대변하는 내용을 담고 싶어 하는 것은 모든 작가들의 꿈이고 희망이다. 김백란 시인은 제목을 '할 말 있어요'로 정했다. 시에 등장하는 '당신'이라고 지칭을 한 것이 특정 인물 같지만 실제로는 '단군 조선 시대에 태양의 신을 지칭하는 니마(이 말은 후세에 님이 됨)' 같은 의미 같다. 마치 한용운 시인의 '님의 침묵'의 님과 김백란 시인의 당신과는 같은 맥락으로 보여 깊이를 더 해 간다는 느낌이다. 당신이 등장하는 작품과 제목이 된 시를 소개해 보면 다음과 같다.

별이 빛나던 그날 밤의/그 설레임으로/당신을 다시 만날 수 있었으면...
- **별이 빛나는 밤에**

당신에게
할 말 있어요

아직은 귀를 열어놓고
기다리세요

당신에게
따뜻한 밥 한끼
해주고 싶어요

당신이 맛있다고
무조건 다 맛있다고
한마디만 해주면 돼요

그리고 나면
이 손이 부끄럽지 않을 거예요

이 세상 다해서
하늘 여행 가더라도
후회 없는 그런 날이 되겠지요 - **할말 있어요**

이번에 발간되는 김백란 시인의 두 번째 시집은 감각적이고 세련된 시들이 사진과 잘 맞아 떨어져 이미지를 더 배가 시킬 것 같아 기대를 갖게 한다. 언제나 예술은 도전이다. 낡은 느낌이 드는 활자의 영역을 넘어서 사진 세계를 더한 것은 작가로서의 용기 있는 도전으로 박수를 받아야 하다. 이번 시집 발간을 계기로 더 좋은 작품과 뛰어난 이미지를 구사하는 중견 시인으로 거듭날 수 있기를 기대한다. 다시한번 두 번째 시집 "할 말 있어요" 출판을 축하드린다.

2019년 晩秋 시인 정춘근

할 말 있어요

김백란 시집

초판 1쇄 발행 2020년 2월 01일

펴낸곳 | 도서출판 동숭서림
주소 | 서울특별시 강서구 강서로 29길 8
등록 | 1993년 03월 26일 | 제251-1993-000015호
이메일 | fishnews@daum.net
문의 | (032) 624-2727
정가 | 12,000원
ISBN | 978-89-959335-5-8

사진 | 이종건 사진가
장정 및 진행 | 소동남편집회사
기획 | 홍명숙
디자인 | 홍애현
교정 | 장영주